我會誠實

新雅文化事業有限公司
www.sunya.com.hk

小跳豆
幼兒德育故事系列
跟着跳跳豆和糖糖豆一起養成良好品格

　　父母在孩子的幼兒時期，培養他們的道德品質是極為重要的。因為這時期的孩子還不能很好地控制自己的行為，他們可能常常會為了一些小事爭吵，亂發脾氣；和別人相處時，不講禮貌；做錯了事，不敢承認等等。這時候，我們應該怎樣幫助孩子建立良好的行為，樹立高尚的品德呢？

　　《小跳豆幼兒德育故事系列》共 6 冊，透過跳跳豆和糖糖豆的日常生活經歷，帶領孩子學會誠實、不爭吵、關心別人、不發脾氣、不驕傲和不浪費，進而讓他們明白待人處事的方法。

　　書後設有「親子小遊戲」，以有趣的形式幫助孩子判斷行為的對錯。「培養品德小貼士」提供一些實用性建議予家長，有效地幫助孩子養成良好的品格。

　　在日常生活中，父母也應為孩子樹立好的榜樣，關心他人，對他人有禮貌等，孩子在耳濡目染下自然也會養成良好的品德。

讓親子閱讀更有趣！

　　本系列屬「新雅點讀樂園」產品之一，若配備新雅點讀筆，爸媽和孩子可以使用全書的點讀和錄音功能，聆聽粵語朗讀故事、粵語講故事和普通話朗讀故事，亦能點選圖中的角色，聆聽對白，生動地演繹出每個故事，讓孩子隨着聲音，進入豐富多彩的故事世界，而且更可錄下爸媽和孩子的聲音來說故事，增添親子閱讀的趣味！

　　「新雅點讀樂園」產品包括語文學習類、親子故事和知識類等圖書，種類豐富，旨在透過聲音和互動功能帶動孩子學習，提升他們的學習動機與趣味！

想了解更多新雅的點讀產品，請瀏覽新雅網頁(www.sunya.com.hk)或掃描右邊的QR code進入 。

如何使用新雅點讀筆閱讀故事？

1. 下載本故事系列的點讀筆檔案

1 瀏覽新雅網頁(www.sunya.com.hk) 或掃描右邊的QR code 進入  。

2 點選 下載點讀筆檔案 ▶ 。

3 依照下載區的步驟說明，點選及下載《小跳豆幼兒德育故事系列》的點讀筆檔案至電腦，並複製至新雅點讀筆的「BOOKS」資料夾內。

2. 啟動點讀功能

開啟點讀筆後，請點選封面右上角的 圖示，然後便可翻開書本，點選書本上的故事文字或圖畫，點讀筆便會播放相應的內容。

3. 選擇語言

如想切換播放語言，請點選內頁右上角的 粵 ☆ 普 圖示，當再次點選內頁時，點讀筆便會使用所選的語言播放點選的內容。

4. 播放整個故事

如想播放整個故事，請直接點選以下圖示：

5. 製作獨一無二的點讀故事書

爸媽和孩子可以各自點選以下圖示，錄下自己的聲音來說故事！

1. 先點選圖示上爸媽錄音 或 孩子錄音 的位置，再點 OK，便可錄音。

2. 完成錄音後，請再次點選 OK，停止錄音。

3. 最後點選 ▶ 的位置，便可播放錄音了！

4. 如想再次錄音，請重複以上步驟。注意每次只保留最後一次的錄音。

今天是星期天，
跳跳豆和糖糖豆在家中
一起玩耍。

他們很喜歡喝牛奶，
今天媽媽也為他們準備牛奶
和一些美味的茶點。

媽媽準備清潔家居，她說：
「你們乖乖地吃茶點，
媽媽去打掃房間。」
「知道了，媽媽。」
跳跳豆和糖糖豆回答道。

「你們真乖！」
媽媽高興地說。
然後媽媽便去打掃房間。
跳跳豆和糖糖豆一起吃茶點。

糖糖豆説：
「哥哥，我們一會兒
來玩皮球，好嗎？」
「好啊！」跳跳豆説。

於是糖糖豆便到房中去拿皮球。
此時，跳跳豆一邊吃茶點，
一邊看電視。
他只顧着看電視，
不小心打翻了杯子，
牛奶倒在桌上。

跳跳豆慌忙去拿抹布來清潔，
可是不小心又打翻了
盛載茶點的碟子，
餅乾掉到桌上和地上，
一片混亂。

跳跳豆急忙走到房間裏
告訴媽媽：
「媽媽，杯子和碟子都被打翻了，
到處都是牛奶和餅乾！」

媽媽從房間走出來，
剛巧看見糖糖豆拿着皮球，
以為是糖糖豆玩皮球
而打翻桌上的東西。

媽媽責備糖糖豆
為什麼那樣不小心。
糖糖豆一臉委屈。

跳跳豆一直不敢作聲。
可是當他看見妹妹想哭的樣子，
便對媽媽說：
「媽媽，杯子和碟子
都是我打翻的，對不起！
請不要生氣。」

然後，跳跳豆又向糖糖豆説：
「對不起，請原諒我。」
媽媽沒有生氣，
反而高興地説：
「能誠實就是好孩子，
如果説謊話，
媽媽才生氣呢！」

親子小遊戲

小朋友，想一想，你是一個誠實的孩子嗎？請看看這些誠實的行為，你做得到的話，在 ☐ 內加 ✓。

A. ☐ 拾到東西時要主動還給別人，不會佔為己有。

B. ☐ 不小心損壞了別人的東西，會有勇氣承認錯誤。

C. ☐ 答應了別人做的事情但做不到，會真誠地向對方說對不起。

D. ☐ 做了錯事要主動承認，做一個誠實的好孩子。

培養品德小貼士

怎樣培養孩子誠實的好品德？

● 要給孩子做誠實的榜樣。父母是孩子最好的老師，家長的一言一行都會影響到孩子的成長。在要求孩子誠實時，首先父母在平時與孩子接觸中注意不要對孩子說謊；當孩子已經意識到你可能說謊時，父母要敢於以積極的心態去面對孩子。父母要做到不論對人對事都真心誠意，這樣孩子才能坦誠做人。

● 如果孩子說謊話了，威脅或強迫他承認錯誤都是不正確的方法，父母最好能冷靜、嚴肅地與孩子談一談，鼓勵孩子主動承認錯誤。孩子承認錯誤以後，父母一定要稱讚孩子的誠實表現，這種表揚可以鞏固孩子誠實這一美德，同時，這對孩子勇於改正錯誤也極有好處。

小跳豆幼兒德育故事系列

我會誠實

原著：秋千

改編：新雅編輯室

繪圖：何宙樺

責任編輯：趙慧雅

美術設計：鄭雅玲

出版：新雅文化事業有限公司

香港英皇道499號北角工業大廈18樓

電話：(852) 2138 7998

傳真：(852) 2597 4003

網址：http://www.sunya.com.hk

電郵：marketing@sunya.com.hk

發行：香港聯合書刊物流有限公司

香港荃灣德士古道220-248號荃灣工業中心16樓

電話：(852) 2150 2100

傳真：(852) 2407 3062

電郵：info@suplogistics.com.hk

印刷：中華商務彩色印刷有限公司

香港新界大埔汀麗路36號

版次：二〇二一年五月初版

二〇二三年五月第三次印刷